AF415281

Psicologia per principianti

Le basi della psicologia spiegate in modo semplice: capire e manipolare le persone

Claudia Sonnenbeck

CONTENUTO

Introduzione alla psicologia

La psicologia è una materia dagli orizzonti ampi e in parte inesplorati. Il benessere psicologico di un individuo dipende da ogni singola influenza. A partire dal grembo materno, proseguendo con l'educazione, gli hobby, le opinioni, le intuizioni, i sentimenti e i valori appresi. Queste influenze favoriscono uno sviluppo positivo o anche uno sviluppo negativo. Questi opposti di sviluppo positivo e negativo descrivono in ultima analisi la psicologia. La psicologia cerca di spiegare il comportamento di un individuo e offre la possibilità di superare le paure, ad esempio.

Per garantire una buona introduzione alla materia, è importante ricordare che il termine ombrello di psicologia viene raggruppato in molti aspetti e sotto-argomenti dettagliati. Nuove scoperte contribuiscono regolarmente allo sviluppo e al progresso della psicologia. Ad esempio, nuovi metodi e nuove terapie vengono sviluppati attraverso ricerche avanzate sul cervello e osservazioni comportamentali attraverso la compilazione di statistiche.

Il termine psicologia deriva dal greco antico e significa - se tradotto letteralmente - psicologia o studio dell'anima. I sensi umani, cioè vedere, udire, odorare, sentire e gustare, sono particolarmente importanti in questo cosiddetto studio dell'anima, perché questi sensi aiutano in quasi tutti i disturbi psicologici o sono una delle prime aree da affrontare.

Per comprendere meglio la psicologia, con tutti i suoi argomenti e settori, sono utili i contenuti elencati di seguito. La psicologia è molto complessa, ma questa è una spiegazione semplice della psicologia per i principianti.

La storia della psicologia

La storia della psicologia fornisce una conoscenza di base importante per comprendere la psicologia, perché molte delle terapie odierne si basano sul pensiero di allora. Innanzitutto, la psicologia può essere fatta risalire al XIX secolo. All'epoca, l'istituzione ufficiale della psicologia come campo di ricerca indipendente e scientificamente rispettato avvenne attraverso l'unione di gruppi di ricerca. Tuttavia, questo campo di ricerca esisteva già *prima di Cristo*. Uno studioso greco di nome Aristotele, che di "professione" era filosofo e scienziato naturale, scrisse un libro intitolato "De anima" - "Sull'anima" - in cui parla dell'anima umana, ne discute e avanza congetture. Questo libro e le discussioni dell'epoca sono state considerate la base per lo scienziato ed educatore Siegmund Freud e i suoi modelli sulla psiche.

Nel corso del processo, varie influenze, come il materialismo, hanno portato alle conoscenze attuali. Nel XIX secolo, ad esempio, l'importanza degli organi di senso di un individuo era già stata riconosciuta, ampliata e migliorata dalle nostre attuali conoscenze. Ma gli psicologi, composti da filosofi, medici e scienziati naturali, non erano ovviamente sempre d'accordo, motivo per cui all'inizio del XX secolo sono emerse molte direzioni della psicologia, che esistono ancora oggi. Queste diverse direzioni saranno descritte e spiegate in dettaglio più avanti, ma costituiscono comunque le fondamenta della psicologia attuale.

Autotest: Com'è il mio stato mentale?

Il seguente è un autotest che ha lo scopo di descrivere lo stato mentale di un individuo. Serve come aiuto per conoscere meglio se stessi e per approfondire l'argomento. Vengono ora elencate in modo più dettagliato quindici affermazioni. Queste affermazioni si basano su diversi sentimenti e comportamenti personali. Il test funziona in modo tale da poter assegnare un punteggio da 1 a 10 per ogni affermazione. Il numero uno significa "Non vero" e il numero dieci significa "Vero". I numeri da 2 a 9 indicano le tendenze.

1. Tendo a essere ansioso e nervoso.

2. Mi preoccupo molto di molte cose diverse.

3. Penso di poter controllare poche cose e questo mi tormenta.

4. Ho un sonno cattivo e agitato.

5. Vivo molto nel passato.

6. Il mio comportamento alimentare è cambiato involontariamente.

7. Sono spesso svogliato e demotivato.

8. Spesso preferisco stare da solo.

9. Sono facilmente irritabile e soffro di sbalzi d'umore.

10. Spesso mi sento svuotata dalla vita quotidiana.

11. Trascuro la famiglia e gli hobby.

12. Ho spesso pensieri negativi.

13. Mi manca la mia energia.

14. La mia famiglia ha già richiamato l'attenzione sul mio comportamento.

15. Non rido più molto.

La valutazione di queste affermazioni è ora molto semplice. Per ogni affermazione, si annota il punteggio individuale corrispondente. Più alto è il punteggio, più è probabile che lo stato mentale non sia assolutamente ideale e che debba essere migliorato.

Per avvicinarsi allo stato ideale e migliorare il proprio benessere, esistono diversi esercizi e metodi che contribuiscono a diventare più felici e a pensare in modo più positivo.

Psicologia scientifica e psicologia laica

Il termine generico di psicologia comprende due termini strettamente differenziati. In primo luogo, il termine psicologia scientifica, ma anche il termine psicologia laica.

La psicologia laica è anche chiamata psicologia quotidiana. Comprende le scoperte della psicologia che non si basano su criteri e fatti scientifici. Ciò significa che la psicologia quotidiana non stabilisce gli standard di conoscenza sulla base di prove scientifiche, ma si basa su presupposti comuni attraverso esperienze personali simili, storie e altro.

Nella psicologia di tutti i giorni sono nati miti nell'ambito degli stereotipi di genere, dello stato civile e dell'età. Un mito molto diffuso è quello secondo cui le donne parlano sempre di più degli uomini e questo perché le donne devono sempre comunicare e hanno bisogno di attenzione. Questo è un esempio tipico della psicologia quotidiana. Gli eventi che si verificano più spesso vengono riformulati come universali e si cerca una psicologia dietro di essi, ristrutturandola per adattarla.

Soprattutto, questo accade anche quando si è riusciti a confutare scientificamente i miti, perché nella psicologia di tutti i giorni non se ne tiene conto. Per restare allo stesso esempio: Lo studio scientifico 6 AP-SYH01 1 è riuscito a smentire il fatto che le donne parlano più degli uomini. Sia gli uomini che le donne pronunciano in media circa 16.000 parole al giorno.

Le differenze più importanti tra la psicologia di tutti i giorni e la psicologia scientifica sono quindi che nella psicologia di tutti i giorni i miti e le affermazioni non riflesse vengono generalizzati senza essere esaminati criticamente. Vengono fatte affermazioni contraddittorie e non scientificamente fondate, la raccolta dei dati si basa su coincidenze e non su statistiche e analisi strutturate. Nella psicologia scientifica sono verificabili con metodi e concetti scientificamente concepiti. Inoltre, nonostante i diversi orientamenti e percorsi, i ricercatori arrivano spesso alle stesse scoperte e agli stessi risultati grazie a regole e concetti scientifici.

La frase di tutti i giorni "gli opposti si attraggono", d'altra parte, non è scientificamente verificabile, né testabile. Gli "psicologi di tutti i giorni" hanno a che fare con diverse interpretazioni e le loro teorie non sono verificabili e ripetibili, o lo sono solo in minima parte. Le teorie, invece, sono verificabili nella realtà con metodi scientifici. Tuttavia, un problema attuale della psicologia quotidiana è anche che queste frasi si adattano a quasi tutte le situazioni e quindi la loro "correttezza" può essere spesso riscontrata nel mondo.

Tuttavia, dovrebbe essere chiaro a tutti che le inferenze psicologiche non hanno una spiegazione monocausale (causa unica), ma che i comportamenti umani possono mostrare drastiche differenze. La psicologia, in quanto scienza naturale oggettiva, sperimentale e basata sulla statistica, mira a modificare il controllo sul comportamento di una persona. La psicologia è considerata una scienza comportamentale basata sulla metodologia e sull'esperienza umana.

Aree della psicologia

La psicologia è quindi una scienza comportamentale e una scienza naturale che descrive il comportamento e l'esperienza e, con l'aiuto di prospettive e metodi scientifici, si distingue dalla psicologia quotidiana o laica descritta in precedenza. L'acquisizione di conoscenze in psicologia si basa su livelli socio-culturali, psicologici e biologici e può quindi essere suddivisa in diverse aree o discipline, che si dividono in **materie di base, *materie applicate*** e materie *metodologiche*.

Partendo dalle basi, va detto che all'interno di

queste discipline si distingue tra materie che fanno parte anche di altre materie di base e materie che presentano le scoperte di base in determinati contesti e ambiti. La prima differenziazione, cioè le materie che fanno parte anche di altre materie di base, comprende la psicologia generale, la biopsicologia e la metodologia psicologica. Il campo delle conoscenze di base comprende la psicologia sociale, la psicologia della personalità, la psicologia differenziale e la psicologia dello sviluppo.

La psicologia generale e la psicologia biologica sono brevemente spiegate in modo più dettagliato: la psicologia generale si occupa della questione di quali regolarità e connessioni si possono trovare rispetto all'esperienza e al comportamento di una persona e quali comunanze ne derivano. Vengono trattati aspetti come la conoscenza, l'attenzione, le emozioni, le motivazioni, la percezione, l'apprendimento, la cognizione e il linguaggio.

La psicologia biologica, invece, si occupa delle aree che influenzano l'esperienza e il comportamento. Vengono studiati aspetti come la genetica di una persona, ma anche l'anatomia, la fisiologia, l'attività cerebrale, l'attività muscolare, la frequenza cardiaca, la pressione sanguigna e altri aspetti che riguardano la biologia del corpo umano.

Le discipline delle aree di applicazione sono molto distinte e fortemente ramificate con sotto-argomenti. Fondamentalmente, però, si può dire che sono incluse la psicologia clinica con i temi della neuropsicologia e della psicologia medica, la psicologia aziendale con i sottotemi della psicologia industriale, inclusa la psicologia dell'ingegneria, la psicologia organizzativa, la psicologia industriale, la psicologia finanziaria, la psicologia della leadership, la psicologia del mercato, inclusa la psicologia del commercio al dettaglio, la psicologia del consumatore, la psicologia delle vendite e la psicologia della pubblicità. Altre aree di applicazione sono la psicologia dell'educazione, la psicologia della pace, la psicologia della comunità, la psicologia gerontologica, la psicologia della salute, la psicologia dei media, la psicologia militare, la psicologia della musica, la psicologia politica, nonché la psicologia giuridica con i sottoargomenti psicologia criminale e psicologia forense. Tuttavia, anche aree come la psicologia religiosa, la psicologia scolastica, la psicologia dello sport, la psicologia ambientale e la psicologia del traffico appartengono alle aree di applicazione.

Anche le materie metodologiche sono suddivise in modo complesso. Uno degli aspetti più importanti e dei termini ombrello è la metodologia psicologica con i sottotemi meta-analisi, filosofia della scienza, metodologia sperimentale, ricerca valutativa, etica, matematica, informatica e psicologia matematica. L'aspetto matematico ha anche il sottotema della stocastica, che si occupa di statistica, teoria dei giochi, combinatoria e teoria/calcolo delle probabilità. La diagnostica psicologica costituisce il secondo importante termine ombrello di questo settore.

Correnti della psicologia

Le correnti della psicologia comprendono 5 temi, molto diversi tra loro. Si tratta del comportamentismo, della psicologia del profondo, della psicologia della Gestalt, della psicologia cognitiva e della psicologia umanistica.

Il comportamentismo è nato nell'uomo all'inizio del XX secolo. Questa corrente si occupa fondamentalmente di uno stimolo innescato e della conseguente reazione di un individuo. L'interesse era particolarmente legato al comportamento e ai processi di apprendimento. Questi processi, o i vari tipi di comportamento, possono essere sia negativi che positivi. Lo schema che descrive con precisione l'esplorazione dello stimolo e del comportamento è chiamato schema stimolo-risposta. Tra il XIX e il XX secolo, un fisiologo fece le prime ricerche su questa indagine riflessa, che fu testata per la prima volta sui cani.

La psicologia del profondo, invece, si occupa molto di più della psicologia dell'essere umano utilizzando altri metodi e approcci. La psicologia del profondo può essere suddivisa in tre aspetti principali. Il primo descrive l'analisi metodica del comportamento e dell'esperienza umana. Il secondo aspetto descrive una teoria consolidata in questo ambito e il terzo pilastro principale è costituito dalle tre istanze di Io, Es e Super-Io. Tuttavia, questo argomento comprende anche aspetti importanti dell'interpretazione dei sogni e della spiegazione dei disturbi psicologici e delle direzioni sessuali.

La psicologia della Gestalt, invece, considera e tratta l'esperienza e la percezione come un tutt'uno. Per questo motivo, viene anche chiamata teoria della percezione. Chi pratica la psicologia della Gestalt cerca sempre di trovare leggi o spiegazioni che aiutino a spiegare gli esseri umani con le loro diverse interpretazioni. Ad esempio, vengono affrontate le seguenti domande:

• Perché è possibile mettere alcune cose sullo sfondo, ma altre a fuoco?

• Da quali fattori dipende la velocità dei rilevamenti?

• Perché e per quale motivo gli esseri umani vedono certe connessioni tra le cose?

• Quali fattori possono rendere più facile o più difficile il riconoscimento di queste connessioni?

La psicologia cognitiva o cognitivismo si occupa dell'analisi e dello studio dell'elaborazione delle informazioni da parte di un individuo.

L'ultima corrente, la psicologia umanistica, si occupa di autosviluppo individuale, autodeterminazione, autorealizzazione e altro ancora. L'assunto di base di questa corrente si basa sull'idea che con questa forma di psicologia si sviluppano personalità sane.

Psicologia fisiologica

La psicologia fisiologica cerca di spiegare come le emozioni, i comportamenti e i cambiamenti di coscienza siano legati ad aspetti quali la respirazione, la funzione motoria, gli ormoni, la circolazione e l'attività cerebrale. Ad esempio, le emozioni e lo stress interagiscono per svolgere un ruolo significativo nel corpo. La ricerca si concentrerà sullo studio dell'elaborazione degli stimoli sensoriali. Ad esempio, la sensazione di dolore può provocare l'aumento del battito cardiaco e la tensione dei muscoli. Questa reazione si verifica anche, ad esempio, nel disturbo psicologico degli "attacchi di panico". Il segnale del dolore viene inviato e il cuore della persona inizia a battere all'impazzata: la persona si immedesima nella situazione e cade in una paura mortale.

Psicosomatica

La psicosomatica è anche chiamata, tra l'altro, teoria della malattia o approccio olistico. La psicosomatica esamina i processi e le interconnessioni che si verificano sia in una persona sana che in una malata come risultato delle capacità psichiche. Il termine deriva dal greco antico e significa anima (psiche) e corpo (soma).

La psicosomatica esamina e analizza principalmente le influenze psicologiche dovute ad azioni somatiche. In questo modo, si cerca di identificare l'origine che è stata trasferita al corpo da uno stimolo psicologico. La somatopsicologia è la cosiddetta controparte della psicosomatica. La somatopsicologia è la controparte della psicosomatica, che si occupa di come il livello psicologico ed emotivo soffra a causa di una malattia fisica. La medicina psicosomatica è l'esecuzione e l'attuazione della medicina psicosomatica in un ospedale o in un istituto medico. I compiti fondamentali comprendono il riconoscimento, la prevenzione, il trattamento e la riabilitazione. Questo comprende le aree di applicazione più diverse: Un esempio è la presenza di malattie fisiche, come il cancro. Altri esempi sono i disturbi post-traumatici, i disturbi da stress, i disturbi della personalità, i disturbi alimentari e molti altri.

Ma psicosomatica non significa che si debba sempre fare un riscontro somatico. Esistono anche disturbi psichici che scatenano il dolore fisico senza essere effettivamente un pericolo di cui preoccuparsi. Un esempio tipico è il disturbo psicologico "attacchi di panico". Nel caso degli attacchi di panico, si può dire che la persona reagisce in modo ipersensibile a determinati stimoli e di solito drammatizza. Una fitta al petto viene auto-diagnosticata come un imminente attacco di cuore, ma questa "fitta al petto" non è né reale come la persona colpita percepisce, né significa che la propria vita è in pericolo. Ad esempio, se una persona ha avuto il primo attacco di panico prima di un esame, è probabile che qualsiasi stimolo che abbia a che fare con l'esame scateni un altro attacco di panico. Potrebbe trattarsi del suono di un libro che viene aperto, dell'odore della carta o persino di tenere in mano la stessa penna. Ogni stimolo che il corpo recepisce viene agito e il corpo diventa nervoso e "si fa male". In questo caso, l'esame psicosomatico può fornire informazioni sul problema e la persona colpita può essere sottoposta a un trattamento psicologico.

La percezione di uno stimolo e la conseguente reazione è chiamata anche connessione psicosomatica. L'esempio degli attacchi di panico è altrettanto appropriato. La sensazione di paura che si prova durante un attacco di panico provoca il rilascio di adrenalina da parte delle ghiandole surrenali. Questo rilascio ha come conseguenza un'alterazione del sistema nervoso autonomo, che può portare, ad esempio, a disturbi digestivi. Ecco perché molti dei detti che usiamo sono veri. Quando si è nervosi, si ha paura e si è preoccupati, spesso si dice: "C'è qualcosa di pesante nello stomaco" o anche: "Lo spavento mi attraversa le membra". Anche le influenze esterne possono aggravare la reazione o la conseguenza. Ad esempio, addormentarsi continuamente davanti alla televisione può portare a disturbi del sonno e a un disturbo del sonno come causa. Ma anche tossine come l'alcol, il tabacco o le droghe in generale possono avere effetti psicosomatici.

Psicologia percettiva

Nella **psicologia della percezione** si studia la cosiddetta **parte** soggettiva della percezione. Per comprendere meglio la psicologia della percezione, è importante sapere che si parla di relazioni oggettive e soggettive tra gli stimoli e le loro sensazioni. La percezione oggettiva descrive che le persone sane (cioè senza disturbi visivi, uditivi o simili) - poiché hanno tutti gli stessi organi sensoriali - percepiscono uno stimolo allo stesso modo. La percezione soggettiva è quella che determina in ultima analisi il modo in cui lo stimolo viene interpretato.

La psicologia percettiva esamina e spiega quindi la parte che non è spiegata dalla scienza, ma dalla nostra anatomia di base.

TEORIA DELLA PERCEZIONE

Esistono diverse teorie per spiegare le percezioni, che dovrebbero fornire informazioni in merito. Una teoria è quella di Hermann von Helmholtz.

Questa teoria, nata nel 1866, afferma che l'esperienza che un individuo ha o ha avuto è determinante per la sua visione dell'ambiente. Secondo Hermann von Helmholtz, l'esperienza contribuisce in modo decisivo alla nostra visione dell'ambiente. Un individuo utilizza inconsciamente le sue esperienze per giudicare e trarre conclusioni su ciò che percepisce. Questa "inferenza inconscia" fa sì che si possa percepire così rapidamente nell'ambiente familiare, perché sono sufficienti pochi stimoli. In un ambiente non familiare, tuttavia, questo può portare al fatto che i processi che avvengono nell'ambiente vengono interpretati in modo errato dalle situazioni non familiari e ci si sente a disagio o addirittura si mettono a disagio le persone che ci circondano.

Un'altra teoria della percezione è la teoria

ecologica della percezione di James J. Gibson. La teoria di Gibson prende in esame tre fattori fondamentali di analisi. Il primo fattore descrive il fattore dell'analisi esatta delle informazioni presenti nell'ambiente. Il secondo fattore descrive la "considerazione dell'attività degli esseri viventi" e il terzo aspetto descrive la "specificazione delle offerte percettive del mondo in base alla specie-specificità dei rispettivi esseri viventi di interesse". Esaminando questi tre aspetti, è stato possibile scoprire che non sono i singoli stimoli a spingere un individuo a recepire qualcosa, ma la varietà di invarianti nel tempo e nel movimento. Inoltre, anche l'offerta di azione gioca un ruolo importante in questa teoria. Ad esempio, l'azione offerta da una scala mobile viene percepita in modo diverso a seconda del tipo di creatura.

PSICOLOGIA DELLA GESTALT

Un altro importante sottotema della psicologia della percezione è la psicologia della Gestalt. Questa descrive l'esperienza come una totalità. Nella psicologia della Gestalt esistono le cosiddette leggi della Gestalt, formulate nel 1923. La prima legge è chiamata legge della prossimità e significa che gli elementi che non sono distanti vengono percepiti come appartenenti l'uno all'altro.

La seconda legge è chiamata legge della somiglianza. Essa afferma che gli elementi e gli oggetti simili tra loro hanno maggiori probabilità di essere classificati da un individuo come appartenenti insieme rispetto agli elementi che evocano chiare dissomiglianze.

Segue la legge della buona forma, secondo la quale un individuo preferisce percepire forme che hanno una struttura semplice.

Un'altra legge è la legge della buona continuazione o anche detta legge delle linee continue. Questa legge descrive che quando si vedono due linee che formano una X, non si presume che siano due linee con una curva, ma che siano due linee rette che semplicemente si incrociano.

Un'altra legge è quella della chiusura. Ciò significa che un individuo preferisce percepire strutture che sono chiuse e non appaiono aperte e non chiuse.

Un'altra legge è la legge del destino comune, che descrive che è preferibile percepire qualcosa che si muove nella stessa direzione. Può trattarsi di un elemento, di due elementi o anche di più elementi. Questa legge era l'ultima esistente all'epoca, finché Stephen

Palmer non formulò altre tre leggi della Gestalt nel 1990.

Queste leggi sono state chiamate legge della regione comune, legge della simultaneità e legge degli elementi connessi.

La prima legge, la legge della regione comune, descrive che gli elementi che si trovano in aree delimitate hanno maggiori probabilità di essere percepiti e sentiti da qualcuno come appartenenti insieme rispetto a quelli che non lo sono.

La legge della simultaneità descrive che i cambiamenti simultanei hanno la stessa probabilità di essere classificati come appartenenti insieme. L'ultima legge, quella degli elementi connessi, descrive che gli elementi connessi sono percepiti come un oggetto intero e unificato.

Se si conoscono queste leggi, si può notare che esse vengono spesso sfruttate anche nel nostro mondo. Un esempio è dato dai media. I media usano queste leggi per ricostruire un "sentimento connesso e unificato" o per enfatizzare deliberatamente qualcosa, il che significa che queste leggi vengono infrante di proposito.

Ad esempio, il colore rosso è il colore complementare del verde, il che significa che se qualcosa è di colore rosso su uno sfondo verde, il cervello umano lo percepisce più intensamente. Tuttavia, questo infrange la legge della somiglianza. Ma queste leggi della Gestalt vengono applicate anche in altri ambiti.

PERCEZIONE SENSORIALE

Un altro punto importante nel campo della psicologia percettiva è, ovviamente, la percezione sensoriale. Come è noto, l'essere umano ha cinque sensi che permettono di vedere, odorare, udire, gustare e sentire. Nel linguaggio tecnico, per "vedere" si intende la percezione visiva con l'occhio. Con l'occhio si percepiscono stimoli visivi come luminosità, contrasto, colori, contorni, forme, tridimensionalità, movimenti e altre impressioni.

L'"udito" è anche definito percezione uditiva con l'orecchio. L'orecchio capta suoni, toni e rumori e ha la capacità di identificare la distanza e la direzione dei suoni. La percezione uditiva può essere attivata anche dal senso del tatto nel caso di suoni molto forti, in quanto le vibrazioni possono essere percepite. Inoltre, l'orecchio ha anche la capacità di controllare il senso dell'equilibrio, dando all'individuo la possibilità di percepire il controllo del movimento.

Il senso del tatto è descritto come percezione tattile e aiuta gli esseri umani a percepire il tatto utilizzando i recettori del freddo e del caldo. Tuttavia, si fa una distinzione tra i due sottosistemi seguenti: Il primo aspetto è la sensibilità alla profondità. Descrive la percezione degli arti del corpo e la relativa postura. In questo caso, invece di un singolo organo, un numero maggiore di recettori è responsabile della ricezione degli stimoli. Questo aspetto viene riassunto con il termine "senso muscolare". Inoltre, questo aspetto comprende anche la percezione che il corpo ha dei propri organi.

Il secondo aspetto è la percezione tattile, che serve a percepire la temperatura, le vibrazioni, il tatto e la pressione. L'organo sensoriale che ci permette di ricevere tutti questi stimoli è la pelle.

L'olfatto viene definito percezione olfattiva e viene percepito con il naso. Il rilevamento degli odori è fortemente associato alle emozioni nel cervello ed è quindi spesso un compagno di terapia. L'olfatto è descritto anche come percezione gustativa e viene percepito dalla lingua, che porta con sé vari recettori del gusto che aiutano a identificare cibi, sostanze chimiche e altro.

Nella psicologia della percezione, i sensi giocano un ruolo di enorme importanza, perché senza di essi, in primo luogo, una persona non potrebbe percepire affatto e, in secondo luogo, i diversi sensi offrono all'individuo molti modi diversi di interpretare le situazioni e sono quindi significativi per il processo decisionale.

PERCEZIONE FIGURA-TERRA (ESEMPIO "RUBY CUP" DI WELLHÖGER 1990)

Nel campo della percezione sensoriale, esiste anche il concetto di percezione figura-terra, esemplificato da una coppa di rubini. La percezione figura-terra descrive la differenziazione tra primo piano e sfondo attraverso la ponderazione individuale degli stimoli ricevuti. Per spiegare l'esempio: nell'immagine si trova una coppa di rubini raffigurata in bianco e, a sinistra e a destra di essa, rispettivamente in forme approssimative e nel colore nero, persone simmetriche che si guardano. La questione è se la coppa viene percepita per prima e il nero è solo lo sfondo, oppure se le persone vengono percepite per prime e il bianco si ritira sullo sfondo e non viene riconosciuto affatto come coppa. Grazie all'afflusso dei vari stimoli attraverso i colori, le forme ecc. il cervello filtra le impressioni che sembrano importanti e quelle che non lo sono. Nel processo, gli stimoli importanti vengono posti in primo piano e quelli non importanti vengono automaticamente posti sullo sfondo.

Psicologia della personalità

La psicologia della personalità è un settore della psicologia che si occupa generalmente della personalità di un individuo. Motivi, sviluppi e reazioni agli stimoli caratterizzano questa psicologia.

IL MODELLO DI PERSONALITÀ
BIG FIVE

Il Big Five Personality Model è un modello a cinque fattori della psicologia della personalità che esiste da molto tempo ed è tuttora un modello riconosciuto a livello internazionale per esaminare la personalità di un individuo. I cinque fattori di personalità sono:

- Apertura all'esperienza
- Coscienziosità
- Estroversione
- Compatibilità
- Nevroticismo

Il fattore apertura descrive l'interesse per nuove esperienze e occupazioni in relazione alle impressioni raccolte. Il fattore coscienziosità descrive la caratteristica dell'autocontrollo e la caratteristica del perfezionista. L'estroversione descrive ampiamente il comportamento interpersonale. Il fattore successivo è chiamato "gradevolezza" e descrive anch'esso il comportamento interpersonale. L'ultimo fattore è il nevroticismo, che riflette le emozioni negative ed è la controparte della forza emotiva.

AUTOTEST BIG-FIVE: CHE PERSO-NALITÀ HO?

Una questione importante che occupa la mente di ognuno è quella della propria personalità. Per filtrare questo aspetto, bisogna innanzitutto considerare quali capacità hanno le diverse personalità.

Le persone di mentalità aperta sono caratterizzate da:

• Buona immaginazione

• Classificare abilmente i propri sentimenti

• Interesse per gli affari pubblici

• Curiosità

• Disponibilità a sperimentare

• Comportamento non convenzionale

• Il nuovo è più interessante e migliore del vecchio e del collaudato

Le persone coscienziose sono caratterizzate da:

• Organizzazione

• Cura

• Affidabilità

• Superiorità e pianificazione

Le persone con comportamento estroverso sono:

- socievole

- attivo

- chiacchierone

- ottimista

- calorosamente

Le persone compatibili hanno le seguenti caratteristiche:

- Desiderio di accettazione sociale

- Sono comprensivi

- Sono benevoli

- Siete compassionevoli

Le persone con un alto livello di nevroticismo sono:

- Ansioso

- Teso

- Non sicuro

- Laico

- Pensieroso

- Ipersensibilità alle emozioni negative

Per scoprire quale personalità avete ora, dovreste esaminare più da vicino i fattori e pensare attentamente a quali aspetti vi attraggono di più.

COME SI POSSONO MODIFICARE LE STRUTTURE DEL CARATTERE E DELLA PERSONALITÀ?

In sostanza, si può dire che è possibile cambiare la propria personalità. Di solito lo si vede semplicemente guardandosi indietro e vedendo che non si è più la stessa persona, in termini di comportamento, di 5 anni fa. Tuttavia, un cambiamento di personalità richiede molta pazienza, tempo e disciplina. Il più delle volte si tratta di piccole manie o cattive abitudini che si vorrebbero cambiare, ma il tempo per abituarsi è molto difficile. Bisogna prestare particolare attenzione al proprio corpo e ascoltarlo bene. Ma il primo e migliore passo per cambiare la propria personalità è visualizzare cosa significa cambiare la propria personalità o parte di essa.

Psicologia dello sviluppo

La psicologia dello sviluppo è una componente importante della psicologia e descrive il cambiamento dell'esperienza e del comportamento in considerazione dell'intero arco di vita di una persona. In particolare, viene osservato il corso sano di una vita e non un periodo di vita segnato dalla malattia.

Il concetto di sviluppo è molto difficile da spiegare in questo contesto. In generale, però, si può affermare che lo sviluppo è inteso come un processo di emergenza e di cambiamento, per cui si parla di tre principi per quanto riguarda lo sviluppo in psicologia. Il primo è il principio della crescita, il secondo è il principio della maturazione e il terzo è il principio dell'apprendimento.

Il principio della crescita riguarda principalmente il cambiamento della struttura del corpo, cioè la forma, le dimensioni, ecc. Il termine maturazione si riferisce allo sviluppo concreto di riflessi o istinti o altri comportamenti che non sono stati appresi ma sono portati nel corpo. Il termine maturazione si riferisce allo sviluppo concreto di riflessi, istinti o altri comportamenti che non sono stati appresi ma sono portati nel corpo.

L'ultimo principio, quello dell'apprendimento, si riferisce sia all'area tradizionale del condizionamento sia a quella che comprende l'apprendimento scolastico. Il compito della psicologia dello sviluppo è quindi quello di spiegare perché si sono verificati determinati cambiamenti, per quali ragioni si è creata la sensazione di stabilità e perché esistono differenze inter- e intra-individuali a questo riguardo.

Psicologia sociale

La psicologia sociale è una materia che rientra sia nel campo della sociologia sia in quello della psicologia. Descrive l'influenza di un'ampia varietà di fattori sociali e di modalità di esperienza e comportamento. Il pensiero e l'azione, così come il comportamento, vengono quindi esaminati in relazione all'influenza sociale.

È noto che tutti i processi dell'essere umano in termini di comportamento, reazioni e formazione di opinioni avvengono tenendo conto delle norme sociali e del proprio stato d'animo. Tuttavia, anche l'ambiente può influenzare le decisioni sia consciamente che inconsciamente. Ad esempio, un individuo si sente molto più a suo agio in un gruppo di persone che si muovono in modo simile, si vestono in modo simile e hanno interessi simili rispetto a un gruppo che non soddisfa tutti questi punti. Questo fenomeno si verifica a causa dell'identificazione con l'ambiente sociale.

La psicologia sociale è riuscita a scoprire che è sempre importante che un individuo sia in grado di identificare e avere un ambiente piacevole per sviluppare pensieri positivi. Questa intuizione ha aiutato gli psicologi sociali ad aiutare attivamente, ad esempio, ad alleviare il dolore e a combattere fobie e paure.

Tuttavia, il campo di ricerca della psicologia sociale comprende molte aree diverse. Ad esempio, la percezione sociale, la cognizione sociale, la costruzione del sé e gli atteggiamenti.

La percezione sociale si occupa del modo in cui le informazioni raccolte vengono ricevute e interpretate osservando l'ambiente. Sottotemi come le teorie dell'attribuzione, la teoria delle conclusioni corrispondenti e la teoria della covariazione sono inclusi nel termine generico di percezione sociale. Le teorie dell'attribuzione si occupano delle spiegazioni del comportamento delle persone. La teoria delle inferenze corrispondenti presuppone "che gli osservatori deducano intenzioni corrispondenti dal comportamento osservato". L'ultima teoria, ovvero la <u>teoria della covariazione</u>spiega le valutazioni diverse e individuali delle persone in relazione a una situazione e a un'azione osservata.

Il campo della <u>cognizione sociale</u> comprende l'altro tema generale della psicologia sociale e serve a spiegare i processi di pensiero. La cognizione sociale serve a scoprire perché e come un'azione e una reazione possono essere influenzate da un aspetto sociale. In questo processo, si fa una distinzione di base tra due diversi processi: il processo automatico e quello controllato (di pensiero). Un processo automatico è descritto come un processo che avviene automaticamente e inconsciamente senza intenzione, senza disturbare i processi cognitivi che si svolgono contemporaneamente. Un processo controllato, invece, è quello che avviene intenzionalmente e in modo cosciente nella persona.

Successivamente, c'è anche la costruzione del sé nel campo della psicologia sociale.

In questo tema vengono analizzate varie cause legate all'individuo. La grande domanda del "perché" e la grande domanda del "da dove" in relazione alla conoscenza di sé di una persona sono elaborate in questo tema. Tuttavia, le domande centrali non sono solo l'origine e il "perché?", ma anche concetti come il concetto di sé, gli schemi di sé e l'autostima sono aspetti essenziali che giocano un ruolo nel tema della "costruzione di sé".

Continuiamo con il tema degli "atteggiamenti". Con questo argomento si intende che un individuo valuta varie cose come gruppi, gruppi emarginati, comportamenti, opinioni e anche persone nel suo ambiente sociale. Questo perché gli atteggiamenti interiori hanno un'enorme influenza sul modo in cui una persona pensa e agisce come individuo, in quanto gli atteggiamenti influenzano le percezioni. In questo argomento, il modello multicomponente dell'atteggiamento è un modello comune, secondo il quale la definizione del termine atteggiamento è che una persona cerca di fare una valutazione di un oggetto sulla base di fondamenti cognitivi, affettivi e comportamentali. In questo contesto, l'interazione tra atteggiamento e comportamento è molto importante. Perché, come dicono i ricercatori sull'atteggiamento, gli atteggiamenti possono predire il comportamento di una persona.

Altre aree di cui si occupa la psicologia sociale sono, ad esempio, le emozioni, i ruoli sociali, il senso di giustizia, la comunicazione verbale e non verbale, l'aggressività, il pregiudizio e molto altro.

Psicologia della pubblicità

La psicologia della pubblicità descrive l'effetto sulle persone della pubblicità ricevuta in vari modi. La psicologia pubblicitaria viene utilizzata per esercitare un'influenza attiva. In altre parole, deve aiutare o indurre il cliente ad acquistare qualcosa. L'effetto di riconoscimento spesso determina l'acquisto. Questo riconoscimento può avvenire attraverso uno slogan, ma anche attraverso una certa melodia ad alto volume, che entra direttamente in testa quando si vede il prodotto pubblicizzato con esso. Non si tratta quindi solo di associare determinati stimoli alle campagne pubblicitarie in corso, ma anche di ottenere un certo effetto di riconoscimento come venditore. A questo scopo, le ripetizioni sono molto importanti, in modo che lo slogan, la melodia o simili siano orecchiabili e prima o poi si fissino nella testa di un individuo. Non importa nemmeno se la melodia piace o se lo slogan è diverso. L'unico fatto e obiettivo è che rimanga in testa e che il prodotto attiri l'attenzione.

Un altro metodo della psicologia pubblicitaria è il condizionamento classico. Ciò significa che si cerca di incoraggiare le persone ad acquistare un prodotto attraverso ricompense regolari. Un esempio è la pubblicità di un bene che tutti desiderano. I fiocchi d'avena ricchi di proteine, ad esempio, dovrebbero essere ideali per la prima colazione. Quindi si pubblicizza che il consumo di questo prodotto rende più sani e in forma. Tutti vogliono essere più in forma e più sani, quindi acquistano il prodotto con la certezza che li aiuterà. Esiste una procedura che può essere chiamata semplicemente AIDAS. AIDAS sta per 1. attenzione, 2. interesse, 3. desiderio, 4. azione, 5. soddisfazione e riguarda gli aspetti più importanti per una pubblicità buona e promettente:

1. Attirare l'attenzione è l'elemento fondamentale per acquisire potenziali clienti.

2. Deve essere suscitato l'interesse a voler trattare il prodotto

3. È necessario garantire la percezione del desiderio di acquisto.

4. Il prodotto pubblicizzato deve essere acquistato

5. Il cliente deve ricevere una conferma d'acquisto ed essere soddisfatto della sua decisione di acquistare il prodotto. Il cliente deve essere talmente soddisfatto e convinto da voler acquistare il prodotto ancora e ancora.

Ciò significa che dopo un acquisto riuscito e felice, il processo del consumatore in relazione al prodotto è il seguente: Pubblicità -> Acquisto -> Pubblicità -> Post-acquisto -> Pubblicità -> Post-acquisto ecc.

Un'altra tecnica di riscaldamento essenziale è la cosiddetta PPPP. Ciò significa "1. immagine, 2. promessa, 3. prova e 4. spinta".

Questa tecnica pubblicitaria prevede il rispetto dei seguenti punti:

1. Visualizzazioni pittoriche per l'illustrazione
2. L'annuncio deve contenere una garanzia o una promessa
3. La promessa deve essere provata anche da fatti riconosciuti
4. Deve essere dato un invito all'azione

L'ultimo punto da considerare in termini di psicologia pubblicitaria è la <u>USP</u>, abbreviazione di "unique selling proposition". Questa abbreviazione vuole solo significare, in senso lato, che gli slogan pubblicitari devono essere semplici e accattivanti.

In breve, si può dire che la pubblicità ha un'enorme influenza sulla psiche umana e che ci sono molti trucchi che incoraggiano le persone a comprare qualcosa e a credere in qualcosa.

Psicologia dello sport

La psicologia dello sport è una terapia che utilizza lo sport per aiutare a riconoscere determinati modelli comportamentali. Inoltre, questa terapia dovrebbe aiutare a risolvere i problemi o l'obiettivo è contrastare i problemi con l'aiuto dello sport. In medicina e psicologia, lo sport è considerato un mezzo per unire mente e corpo. Per esempio, si può dare libero sfogo all'aggressività repressa con la boxe o allenare la resistenza con il cardio e quindi "esaurire" il corpo. In breve, è dimostrato che lo sport aiuta le persone a diventare felici.

Lo sport dà inizialmente fiducia in se stessi. Si ha costantemente la sensazione di aver raggiunto un obiettivo e si ha una buona autostima. Non è necessario porsi obiettivi elevati, perché anche 30 minuti di camminata possono essere sufficienti.

Inoltre, gli scienziati, insieme agli psicologi, sono riusciti a scoprire che l'esercizio fisico regolare porta a un sonno migliore. In primo luogo, perché il sistema cardiovascolare migliora e, in secondo luogo, perché grazie all'esercizio fisico l'organismo riesce più facilmente a trasportarsi nella fase di sonno profondo e nella fase di sonno rem. Il sonno è indispensabile per il corpo umano. Innanzitutto perché il nostro corpo a un certo punto è molto debole e i muscoli hanno bisogno di riposo, ma anche perché le cose del passato e quelle accadute durante il giorno possano essere elaborate.

Tuttavia, se non si entra nella fase di sonno profondo e nemmeno nella fase di sonno rem in modo ragionevole, il cervello non riesce a elaborare determinate cose e le persone diventano infelici e si sentono rapidamente fisicamente deboli ed esauste. Questa sensazione può essere contrastata con il metodo della terapia sportiva e quindi non solo curarsi, ma anche avere l'opportunità di scoprire dove sono esattamente i problemi. Perché anche in questa terapia è importante, anche se basata sullo sport, filtrare l'origine del problema, riconoscerlo e quindi combatterlo.

Psicologia positiva

La psicologia positiva descrive il trattamento di aspetti positivi come la felicità, l'ottimismo, la sicurezza e molto altro. L'attenzione si concentra sui punti di forza del carattere, che comprendono aspetti come la forza cognitiva individuale, la forza emotiva e l'umanità, ma anche la forza civile come la giustizia, l'equità e la responsabilità. Questa forma di psicologia viene spesso applicata nella pratica aziendale, ad esempio nell'area della "leadership positiva", nell'area dell'educazione e anche nell'educazione dei genitori. La psicologia positiva è essenziale per ogni essere umano, in quanto dà una sensazione di benessere.

Ma potete applicare la psicologia positiva anche a voi

stessi, tenendo sempre a mente alcuni aspetti e frasi:

10 AFFERMAZIONI UTILI

Le affermazioni utili nell'ambito del pensiero positivo sono, ad esempio, le seguenti:

1. Posso prendere in mano la mia vita.
2. Le altre persone mi amano e mi rispettano per quello che sono.
3. Io sono prezioso.
4. Mi accetto così come sono.
5. Mi perdono.
6. Mi diverto nella vita.
7. Sono amabile.
8. Io sono prezioso.
9. Amo il mio corpo.
10. Mi merito una salute perfetta.

IMPARARE GLI ESERCIZI DI PENSIERO POSITIVO

Ma si può imparare il pensiero positivo anche attraverso vari esercizi. Ad esempio, è possibile proteggersi da una crisi o affrontare meglio una crisi.

Per imparare il pensiero positivo, bisogna innanzitutto visualizzare dove si trova esattamente il problema e come si sente esattamente il problema. È importante cercare di essere il più dettagliati possibile nella descrizione, perché questo porterà a un risultato finale migliore. Una volta chiarito questo aspetto, la persona può eseguire gli esercizi che la aiuteranno a pensare in modo più positivo. Gli esercizi di base sono i cosiddetti esercizi di mindfulness, che possono essere integrati nella vita quotidiana per imparare a pensare in modo più positivo. Gli esercizi di mindfulness comprendono anche attività di meditazione.

Il fatto che una persona pensi positivamente o meno ha a che fare con la sua resilienza, cioè con la sua forza emotiva interiore. Il grado di sviluppo di questa varia da persona a persona, perché si sviluppa attraverso l'educazione, le esperienze e le circostanze esterne dell'infanzia. Per pensare in modo positivo, tuttavia, è importante rafforzare la propria resilienza, perché è la chiave del pensiero positivo. Perché ciò avvenga, tuttavia, è importante tenere a mente molti fattori per una persona che pensa in modo negativo: Tra questi vi sono i fattori dell'accettazione, delle emozioni positive, dell'ottimismo, della percezione positiva di sé, della convinzione di controllo, dell'aspettativa di autoefficacia e del fattore rete sociale. Questi fattori sono tutti presenti nelle persone resilienti. Le persone resilienti, ad esempio, accettano i cambiamenti e non cercano sempre di contrastarli.

Hanno accettato che il cambiamento fa parte della vita ed è inevitabile. È quindi più facile per queste persone, quando accade qualcosa che provoca pensieri negativi, uscire di nuovo dal "crollo". Le persone resilienti accettano che non c'è una soluzione per tutto nel mondo e sono altrettanto in pace con questo fatto che con una risposta. Fanno parte di questa capacità anche altre abilità, come la capacità di ordinare i propri sentimenti e di conoscere il proprio stato d'animo.

Si caratterizzano per l'ottimismo e, attraverso la capacità di ristrutturare le proprie convinzioni interiori, ottengono nuove convinzioni che possono rendere più felici. Questi aspetti, ma anche numerosi altri, sono molti cantieri su cui lavorare per garantire un pensiero più positivo, ma tutti possono essere affrontati attraverso esercizi.

La meditazione e gli esercizi di mindfulness, in cui si presta attenzione alla propria mente e si recepiscono in modo consapevole e cosciente le influenze dei sensi, aiutano soprattutto a essere in pace con se stessi. Altrimenti, sono la ristrutturazione attiva delle convinzioni

e l'interiorizzazione delle nuove, così come la coltiva-
zione consapevole e attiva dei contatti sociali, che aiutano a pensare in modo più positivo. Le buone relazioni
e le convinzioni interiori positive rendono felici ed è
stato dimostrato che l'esecuzione regolare di esercizi di
meditazione ristruttura il cervello umano e rende più
felici.

Psicologia motiva-zionale

La psicologia motivazionale è una forma di psicologia che si occupa specificamente degli effetti sul comportamento una volta che un individuo è motivato ed esamina le motivazioni di cui un individuo ha bisogno per raggiungere la motivazione richiesta. In questo contesto, la psicologia motivazionale parla fondamentalmente di 4 risultati che vengono considerati come linee guida.

La prima intuizione è che la motivazione è la chiave per comprendere il comportamento umano.

Solo quando si è consapevoli, come estranei, delle motivazioni presenti, si possono capire certi comportamenti. Un esempio è quello di una persona che è cresciuta in grande povertà e che ora, nella sua nuova vita, possiede molti vecchi oggetti e accumula sempre più cose, nonostante sia finanziariamente stabile. Se non si conoscesse il contesto, non si capirebbe perché la persona non getti semplicemente gli oggetti nella spazzatura. Ma dopo aver capito cosa lo spinge a farlo, cioè la paura di perdere di nuovo tutto, si guarda la situazione con un'ottica diversa, perché si può capire il comportamento.

La seconda intuizione è l'aspetto che afferma che le motivazioni sono inizialmente sempre legate a un determinato obiettivo. In alcuni casi, non siamo sempre consapevoli degli obiettivi, ma sono comunque presenti. Un obiettivo inconscio che si persegue spesso emerge durante la comunicazione, ad esempio quando si vuole inconsciamente animare qualcuno a cambiare la sua decisione attraverso il tono di voce. Ma naturalmente queste motivazioni possono essere anche molto reali, come ad esempio fare molti straordinari perché si vuole finanziare una vacanza.

La terza intuizione è che la natura di un motivo spesso determina il successo o il fallimento di una persona. Nella maggior parte dei casi, le persone non riescono a raggiungere i propri obiettivi perché la loro stessa motivazione si frappone. Questo accade spesso quando qualcuno fa propri gli obiettivi degli altri senza pensare attivamente a ciò che vuole per sé.

La quarta e ultima intuizione descrive il modo in cui le persone affrontano la frustrazione. Esistono infatti diversi modi di affrontarla che possono essere decisivi per il successo di un individuo. Il motivo per cui non si raggiungono gli obiettivi è spesso dovuto al fatto che non si è appreso il modo appropriato di affrontare la frustrazione. Le prime difficoltà inducono le persone a rinunciare alla motivazione, invece di vedere la difficoltà come una nuova sfida. Al contrario, questo significa anche che l'individuo ha l'opportunità di trarre vantaggio da una fase difficile. Naturalmente, ha senso staccarsi da un obiettivo o da un altro, ma ogni persona sa dal profondo del cuore cosa vuole veramente.

Inoltre, esistono alcune forme fondamentali di motivazione che determinano la probabilità di raggiungere un obiettivo desiderato. Gli psicologi distinguono quattro *dimensioni fondamentali della* motivazione:

Anche il tipo di motivazione gioca un ruolo nel determinare la probabilità di raggiungere o meno un obiettivo. Gli psicologi sono soliti distinguere tra quattro dimensioni fondamentali della motivazione:

La prima dimensione è la motivazione intrinseca o estrinseca. La motivazione estrinseca descrive la motivazione che proviene dall'esterno e non ha nulla a che fare con l'obiettivo reale. Un esempio classico è quello dei bambini a scuola. I genitori offrono al bambino una ricompensa materiale in caso di buoni voti. Spesso l'obiettivo del bambino nell'apprendimento non è tanto il buon voto, quanto la ricompensa. La motivazione all'apprendimento viene quindi dall'esterno. In contrapposizione a questa è la motivazione intrinseca, che descrive la motivazione che proviene dall'interno. Questa motivazione può manifestarsi, ad esempio, sotto forma di curiosità, sete di conoscenza o interesse generale.

In questa prima dimensione, gli studi hanno rilevato che la motivazione intrinseca è più forte e più duratura in un individuo rispetto alla motivazione estrinseca. La motivazione estrinseca è solitamente dovuta a compiti che hanno poco a che fare con i propri bisogni o interessi. Per questo motivo, una volta terminato il lavoro, la motivazione estrinseca richiederà una nuova "ricompensa" per ogni compito, oppure non sarà più richiesta perché la motivazione non è più sufficiente.

La seconda dimensione è descritta come

motivazione positiva o negativa. La motivazione negativa descrive la motivazione che mira a evitare le cose negative. C'è anche un esempio scolastico adatto: un bambino che frequenta la terza media sa che ci saranno problemi a casa se tornerà con brutti voti. Per questo motivo, studia molto. Il bambino vuole quindi evitare la situazione negativa che potrebbe verificarsi e per questo si sente motivato a studiare.

La motivazione positiva, invece, si basa su uno stato desiderato. Un esempio calzante potrebbe essere quello di una persona adulta che vuole smettere di fumare perché vorrebbe tornare in forma. Si accorge anche che il fumo di sigaretta si attacca ai vestiti e risparmierebbe sicuramente più denaro. Con questa dimensione, è più probabile che la motivazione dell'adulto duri più a lungo e che abbia più successo con il suo piano. Gli studi hanno rilevato che la motivazione negativa può innescare la sfida e avere un effetto paralizzante su una persona.

La motivazione a breve termine contro quella a lungo termine descrive la terza dimensione della psicologia motivazionale. Questa dimensione descrive semplicemente il fatto che non bisogna porsi obiettivi troppo grandi senza fissare obiettivi intermedi. Se ci si pone un solo grande obiettivo, è molto probabile che si attraversino molte fasi di frustrazione, che alla fine ci porteranno a rinunciare. Tuttavia, se continuate a porvi piccoli obiettivi intermedi e a raggiungerli, eviterete le masse di frustrazione perché potrete "rifornirvi" di nuova motivazione a ogni raggiungimento di un obiettivo intermedio.

L'ultima dimensione della psicologia motivazionale è la motivazione consapevole o inconsapevole. La motivazione cosciente descrive gli obiettivi attivi e deliberati con cui si ha a che fare. La motivazione inconscia, invece, descrive le motivazioni che si trovano nella parte inconscia della persona. Questo può causare il fallimento di un individuo. La motivazione inconscia è anche chiamata contro-motivazione, che può impedire di realizzare un determinato obiettivo consapevole. Un esempio di ciò si può ritrovare a scuola: un alunno attribuisce consapevolmente grande importanza all'equità e alla giustizia. Per questo motivo, vuole aiutare i suoi compagni di classe che vengono presi in giro senza motivo. Tuttavia, la sua contro-motivazione è la paura di essere preso in giro a sua volta. Pertanto, questo "livello di motivazione inconscia" può portare a non raggiungere i propri obiettivi. È sorprendente che le persone che soffrono di malattie mentali siano particolarmente colpite da questa contro-motivazione.

Psicologia sperimentale

La "psicologia sperimentale" è chiamata anche "psicologia sperimentale" e descrive in senso lato il processo di acquisizione di conoscenze attraverso l'esecuzione di esperimenti su soggetti. La psicologia sperimentale è già parte di molti argomenti psicologici come sottodisciplina ed è considerata un importante campo di indagine. La psicologia sperimentale si basa anche sul progresso medico o scientifico generale, per cui i metodi e le diagnosi possono ovviamente essere costantemente migliorati. Per questo motivo, questa forma di psicologia è una delle più forti basate sul progresso. Tuttavia, ci sono anche molti critici della psicologia sperimentale. Le obiezioni includono, ad esempio, che "la psicologia non può essere misurata" e che ci dovrebbero essere specifiche e limiti agli esperimenti.

Psicologia clinica

La psicologia clinica è una delle principali aree della psicologia applicata. Il compito di questa psicologia è quello di studiare i fondamenti dei disturbi mentali, tenendo conto degli aspetti scientifici, biologici, sociali, di sviluppo, comportamentali, cognitivi ed emotivi.

Normalmente, la psicologia clinica era un metodo di diagnosi, a condizione che si svolgesse in una clinica o in un ospedale. Tuttavia, è importante ricordare che la psicologia medica e la neuropsicologia sono fortemente correlate alla psicologia clinica. La psicologia clinica è utilizzata per analizzare disturbi fisici o anche sociali e ambientali, utilizzando metodi scientifici per esaminare, ad esempio, le condizioni di effetto e il comportamento in base all'esperienza. Con le sue diagnosi, la psicologia clinica analizza vari modelli comportamentali e processi scientifici o addirittura biologici. Tuttavia, questo sotto-argomento della psicologia applicata non è un tema che viene affrontato esclusivamente a livello teorico, ma è anche legato ad alcune pratiche. Anche gli esperimenti di laboratorio sono fondamentali per approfondire alcuni aspetti.

Tuttavia, anche l'elaborazione e l'indagine dei disturbi mentali è solo un sotto-argomento della psicologia clinica, perché in realtà può essere fondamentalmente divisa in tre aspetti teorici: Metodi, Diagnosi e Trattamento. Non è raro che la psicologia clinica si sovrapponga ad altri argomenti della psicologia.

In generale, tuttavia, si può dire che questa psicologia è una ricerca di base che confronta, ricerca ed esamina il comportamento "disturbato" con quello "normale". Allo stesso tempo, ricerca anche le cause e lo sviluppo dei disturbi mentali nell'ambito di ulteriori ricerche. Esempi di aree di applicazione di questa forma di psicologia sono i disturbi d'ansia o la depressione.

La psicologia dei nostri animali domestici

La domanda se anche i nostri animali abbiano una psicologia è stata posta da molte persone. Tutti hanno voluto sapere se il proprio caro ha una coscienza simile alla nostra. A volte gli animali non si comportano in modo istintivo, impulsivo e guidato da pulsioni primarie, ma mostrano carattere, amore e in qualche modo un lato umano. Alla domanda se anche gli animali abbiano una coscienza è difficile rispondere, poiché anche la coscienza degli esseri umani non può essere definita con chiarezza, ma può essere interpretata nel modo più dettagliato possibile da molti approcci diversi. Una delle pietre miliari per la spiegazione della coscienza umana è la frase "Penso, dunque sono" del filosofo francese René Descartes. Quando si dice che una persona è "consapevole delle conseguenze", ad esempio, significa che è consapevole di tutte le possibili situazioni che potrebbero verificarsi e che ha preso una decisione tenendo conto di tutte le eventualità.

L'essere umano è in grado di controllare i propri processi emotivi, i propri pensieri e le proprie azioni, di modificarli e di riflettere su di essi. È questo che ci distingue dagli animali. Almeno questo è ciò che si pensa, ma non si può dire al cento per cento. È ancora troppo complesso per la medicina e la ricerca attuali dare un giudizio esatto sulla coscienza dei nostri animali domestici. In effetti, la ricerca sulla coscienza si sta rivelando una vera e propria sfida nel mondo animale. Forse il problema più grande è la mancanza di comunicazione.

Con un essere umano possiamo comunicare attraverso il nostro linguaggio sul comportamento, sulle emozioni, sulle ragioni e sulle cause. Gli animali, invece, non possono dire: "Mi ha fatto male", "Mi fa stare bene". Lo studio della percezione negli animali si basa quindi esclusivamente su misurazioni e osservazioni dei processi neurologici.

Ma anche noi umani siamo molto indietro nella ricerca, perché per molto tempo l'argomento non è stato nemmeno preso in considerazione. Una cosa che è stata scoperta, tuttavia, è che gli animali hanno tratti diversi, non solo al di fuori delle diverse specie, ma anche all'interno di una stessa razza.

Questi tratti caratteriali si sviluppano attraverso la custodia e l'educazione degli animali, nonché attraverso il modo in cui gli animali interagiscono con la madre dei cani quando sono cuccioli. C'è stato anche un interessante esperimento che ha alimentato le discussioni sulla coscienza degli animali. L'esperimento ha riguardato corvi, scimmie, delfini ed elefanti. Questi animali sono stati messi davanti a uno specchio e hanno avuto la capacità di riconoscersi. Per scoprirlo, è stato necessario posizionare sugli animali una chiazza di colore che essi potevano vedere solo nello specchio. Dopo aver scoperto questa chiazza di colore, gli animali hanno cercato di rimuoverla da se stessi e non dall'immagine speculare o simile. Questo ha dimostrato che alcuni animali hanno una coscienza, ma la domanda è a quale livello si trovi la coscienza.

Ma anche gli esseri umani non hanno questa consapevolezza fin dall'inizio, la imparano solo con l'educazione. Se si tengono i bambini davanti a uno specchio, non sanno che si stanno semplicemente riflettendo e non si riconoscono. Perché l'unica cosa di cui i bambini hanno bisogno è la soddisfazione dei loro bisogni primari.

L'argomento è quindi molto controverso perché è semplicemente molto inesplorato e difficile da ricercare. È possibile dimostrare che i nostri animali domestici sono tristi o felici per mezzo di sostanze chimiche, ma non è ancora possibile dimostrare se l'animale stesso conosce il suo stato d'animo. Ma una cosa è chiara: non è impossibile!

Il modello freudiano dell'iceberg

Il modello dell'iceberg secondo Siegmund Freud è un modello basato sull'interazione tra psiche e personalità. Vengono discusse e descritte le tre parti essenziali della personalità. I tre aspetti essenziali della personalità sono il *conscio*, il *preconscio* e l'*inconscio*. Questo modello - da cui il nome - viene visualizzato con un iceberg che galleggia nell'acqua. Circa il venti per cento dell'iceberg è fuori dall'acqua e l'ottanta per cento è sotto la superficie. La parte che emerge dall'acqua è descritta come il *conscio, quella che* la segue come il *preconscio* e quella che si trova sul fondo come l'*inconscio.*

La parte cosciente comprende tutti i fattori logici e assoluti. Questi fattori comprendono, ad esempio, i dati, ma anche i numeri in generale e i fatti. Questa parte è chiamata anche livello fattuale. La parte preconscia comprende caratteristiche come paure, tratti della personalità o conflitti repressi e valori importanti.

L'ultima parte della personalità è l'inconscio. Questa comprende gli eventi che hanno scatenato un trauma, ad esempio lo sviluppo psicosessuale di un individuo e gli istinti con cui una persona è nata. Gli ultimi due aspetti, cioè il preconscio e il conscio, sono successivamente indicati anche come livello emotivo.

La distribuzione di questi tre aspetti è ovviamente simbolica e scelta con saggezza. L'inconscio è qualcosa per cui voi, come individui, dovete scavare in profondità. Spesso è così profondo che è possibile trasportare tutte le cose che si trovano nella parte inconscia in quella conscia o preconscia solo con l'aiuto di uno specialista. Per questo motivo, queste due parti del modello si trovano anche sul fondo e sott'acqua. La parte preconscia è una parte che si trova anch'essa sott'acqua, ma di solito non causa alcuna difficoltà. Ad esempio, la paura dei ragni è qualcosa che di solito si trova sotto la superficie, ma è comunque evidente per ogni individuo. La parte cosciente si trova quindi naturalmente sopra la superficie.

Con questo modello, Freud cerca di spiegare il comportamento e le reazioni di un individuo. In particolare, il modello descrive che solo il venti per cento circa di ciò che un individuo comunica, sia che si tratti di comunicazione interpersonale o di comunicazione con se stessi, si basa su fatti e dati assoluti, mentre il restante ottanta per cento si basa sulle esperienze e sui sentimenti ad esse associati. In effetti, egli stesso descrive l'essere umano come una persona guidata da sentimenti ed emozioni. A sostegno di questa tesi o di questa intuizione, egli propone anche il modello dell'iceberg.

Tuttavia, il modello prevede anche altri titoli per le rispettive aree. Ad esempio, in altre varianti, il conscio è chiamato *Io*, il preconscio *Super-Io* e l'inconscio *Io*. L'Io descrive quindi l'individuo così com'è. Il "super-io" è la parte della personalità che contiene valori e morale, mentre l'aspetto della personalità "id" descrive gli istinti e le pulsioni di base di una persona. Questa variante del modello iceberg è descritta in modo tale che l'Es e il Super-Io sono in costante conflitto. Il superego, noto come preconscio, è la parte che si è appresa attraverso la società.

Cioè, attraverso l'educazione, un individuo sa che si comporta in modo calmo e ragionevole in un treno di periferia perché è così che dovrebbe essere secondo le leggi sociali e legali. In questo processo, tuttavia, può teoricamente accadere che il super-io entri in conflitto. L'essere umano è progettato per riprodursi. Ciò significa che un individuo potrebbe avere l'impulso di parlare con una signora nel treno suburbano e desiderare di riprodursi con lei. In questo caso le due istanze sono in conflitto, perché l'appreso e l'innato sono di intralcio. In queste situazioni, l'istanza *"io"* diventa più importante, perché questa istanza decide in ultima analisi quale azione compiere.

Quindi questa istanza cerca di decidere se svolgere l'azione del super-io o dell'io, oppure decide di mescolare le due azioni e quindi di scendere a compromessi. Freud ha utilizzato questo modello anche per descrivere i disturbi mentali. Secondo lui, un violentatore, come esempio estremo, aveva un "Es" pronunciato e le sue pulsioni erano in primo piano. Secondo Freud, tuttavia, il tutto poteva essere contrastato da una "giusta" educazione.

40 incredibili effetti psicologici

Di seguito sono riportati 40 effetti psicologici che non solo sono sorprendenti nel campo della psicologia, ma la conoscenza di questi effetti ha portato ad acquisire maggiori conoscenze sulla psicologia e ha aiutato nelle terapie.

L'effetto riflettori

Il primo effetto è il cosiddetto effetto spotlight. Questo effetto deriva dal campo della psicologia sociale e riguarda il fenomeno per cui un individuo immagina che gli altri gli prestino più attenzione di quanto non faccia in realtà. Ne sono spesso affette le persone che soffrono di gravi fobie sociali.

Aspettative di autoefficacia

Il concetto di aspettativa di autoefficacia si riferisce all'aspettativa di una persona di essere in grado di gestire i propri piani sulla base delle proprie competenze. Una persona che crede di poter fare la differenza con le proprie azioni, anche in situazioni difficili, ha una SWE elevata. Una componente della SWE è la convinzione che, come individuo, si possa influenzare in modo specifico il mondo e i suoi eventi, nonché il corso della storia contemporanea, invece di considerare come causa circostanze esterne come altre persone, la fortuna o fattori fondamentalmente incontrollabili.

Effetto anti-macchie

Nessuno ama le persone perfette. L'effetto macchia si riferisce al fenomeno per cui i piccoli difetti rendono le cose molto interessanti per noi.

Reattanza

La reattanza psicologica è la reazione difensiva che si verifica quando una persona è sottoposta a restrizioni esterne o interne e si manifesta una resistenza. La reattanza è normalmente innescata da una pressione psicologica (ad esempio, minacce, divieti o restrizioni simili). Tuttavia, la reattanza in senso proprio non è il comportamento che si scatena come reazione, ma il pensiero che sta alla base di questa reazione. La reattanza è tipicamente dovuta allo "stimolo del proibito". Descrive la situazione in cui si desidera qualcosa ancora di più perché ci è stato proibito.

Effetto Pigmalione

L'effetto Pigmalione si verifica quando una valutazione positiva delle caratteristiche di una persona viene confermata in seguito da un'altra persona. Il noto esempio del rapporto insegnante-alunno funziona quindi in questo modo: Un insegnante indotto a credere che alcuni alunni siano particolarmente dotati e predestinati a essere migliori di altri, li incoraggerà inconsciamente in modo tale che alla fine migliorino effettivamente le loro prestazioni, corrispondendo così alla sua supposizione, che gli è stata "suggerita" ma che per lui non aveva alcun fondamento empirico.

Effetto alone

L'effetto alone (da halo, aureola) è una percezione cognitivamente errata originata dalla psicologia sociale, che consiste nell'inferire altre caratteristiche positive o addirittura negative sconosciute da caratteristiche note come la generosità di una persona, nel qual caso, ad esempio, se una persona è generosa è sicuramente anche tollerante. Nel caso di un bias positivo si parla anche di effetto alone, nel caso di uno negativo di effetto corno del diavolo.

Illusione del corpo del nuotatore

L'illusione del corpo del nuotatore si riferisce al processo cerebrale per cui una persona cerca di trarre conclusioni dalla conoscenza cognitiva, ma confonde risultato e criterio di selezione. L'esempio che sta alla base di questo titolo è quello di un nuotatore professionista. Questi hanno corpi muscolosi e in forma. Rispetto ai ciclisti professionisti o ai culturisti, appaiono più naturali e coerenti perché i muscoli sono più uniformemente allenati. Pertanto, è facile pensare che il nuoto sia lo sport perfetto per ottenere un bel corpo. Questo, però, si rivela sbagliato, perché è vero il contrario: per essere un buon nuotatore è già necessario un corpo equilibrato e non necessariamente il contrario.

Social Loafing

Il termine social loafing descrive un fenomeno socio-psicologico che si verifica spesso nelle situazioni di gruppo. Quando gli individui lavorano collettivamente con altri verso un obiettivo comune e la loro prestazione individuale non è nota, la loro tensione fisiologica si riduce - si sentono sicuri perché credono che il loro contributo non sia decisivo per il risultato. Questo rilassamento porta a un calo delle prestazioni su compiti semplici. Al contrario, porta a un aumento delle prestazioni su compiti difficili, come quelli nuovi o complessi. Ogni individuo ha la sensazione che il suo ruolo possa essere decisivo e vuole che lo sia, il che è sentito come un bisogno naturale. Ogni individuo vuole eccellere.

L'ironia di Socrate

L'ironia socratica è solitamente intesa come un'auto-rappresentazione negativa, ad esempio fingersi stupidi per intrappolare l'avversario che si crede superiore. Questo viene fatto per istruirlo o farlo riflettere e per mostrargli la sua presunta superiorità e la sua professionalità.

Il pregiudizio dell'autorità

Il pregiudizio di autorità è la cosiddetta fiducia nell'autorità. Questo effetto descrive la sottomissione senza parole e acritica a una persona che emana autorità.

Il pregiudizio di conferma

Il bias di conferma è chiamato anche confirmation bias e si riferisce alla tendenza a interpretare le informazioni in modo tale da soddisfare sempre le proprie aspettative.

Il pregiudizio di autoconservazione

Il pregiudizio di autoservizio è chiamato pregiudizio di autostima. Ciò significa che un individuo attribuisce il successo a cause interne come le capacità, le competenze, il talento, l'ambizione, ecc. e in cambio attribuisce il fallimento a cause esterne come il caso o la situazione generale.

La distorsione dei risultati

L'outcome bias descrive il pregiudizio di un individuo verso il risultato. Ciò significa che un individuo cerca di valutare la qualità della decisione già presa nonostante l'esito noto.

Il pregiudizio dell'azione

L'action bias si riferisce alla tendenza ad agire sempre attivamente, anche quando si sa che l'azione potrebbe essere inutile o dannosa.

Il pregiudizio di gradimento

Il bias di gradimento descrive l'effetto per cui un individuo cerca sempre di agire in modo ragionevole o addirittura "giusto" perché cerca di essere sempre gradito.

Il pregiudizio di sopravvivenza

Il Survivorship bias descrive un pregiudizio a favore dei "sopravvissuti". Ciò significa che il successo tende ad attirare più attenzione del fallimento e che gli individui che non hanno avuto successo non vengono presi in considerazione come quelli che hanno avuto successo.

L'effetto contrasto

L'effetto di contrasto fornisce una percezione più intensa di un'informazione enfatizzando il contrasto. Un esempio comune è quello di un capo di abbigliamento ridotto. Un abito ridotto da 80 euro a 40 euro appare più economico e migliore di un abito che è sempre costato 40 euro.

Il tapis roulant edonistico

Il tapis roulant edonistico si riferisce all'effetto di tornare rapidamente e felicemente a uno standard di vita stabile dopo un colpo del destino (indipendentemente dal fatto che sia stato positivo o negativo).

L'errore di disponibilità

Il pregiudizio di disponibilità descrive il fenomeno per cui un individuo inventa le proprie statistiche sulla base delle informazioni disponibili e della memoria. Un esempio è la paura di volare. La maggior parte delle persone ha paura di morire durante un volo, anche se è molto più probabile morire in un incidente stradale. Questo perché un incidente aereo è molto più presente e raccapricciante nei media.

L'effetto possesso

L'effetto possesso è un fenomeno che si verifica quando si possiede un bene. Significa che un oggetto o un bene viene valutato come più prezioso e importante quando viene posseduto.

Il paradosso della scelta

Il paradosso della scelta nasce da molte scelte diverse. La massa di offerte presentate a un individuo rende difficile decidere. Le molte scelte portano a richieste eccessive.

L'effetto della fallacia dei costi irrecuperabili

L'effetto sunk cost fallacy descrive l'effetto per cui gli individui sono più propensi a vedere l'attrattiva di continuare un compito se il denaro, il tempo e l'energia sono già stati investiti e non vengono recuperati.

L'effetto priming

L'effetto priming significa che il primo stimolo e la prima interpretazione correlata sono determinanti per il resto della decisione di un individuo.

L'illusione del controllo

L'illusione di controllo descrive una persona convinta di poter controllare qualcosa che è dimostrabilmente non vero o addirittura non possibile.

Reciprocità

Reciprocità significa reciprocità ed è il principio base dell'azione umana. La reciprocità permette di ottenere ciò che un individuo desidera. Ad esempio, punire una persona che si è comportata in modo ingiusto e scorretto nei suoi confronti.

La fallacia del giocatore

La fallacia del giocatore d'azzardo descrive il fenomeno per cui un individuo crede che le coincidenze, gli eventi fortunati, ma anche le strisce sfortunate, abbiano maggiori probabilità di verificarsi se non si sono verificate per molto tempo.

La fallacia della scarsità

La fallacia della scarsità descrive l'effetto della preferenza delle persone per i beni che hanno un'offerta limitata.

L'effetto Westermarck

L'effetto Westermarck si riferisce al fenomeno per cui

le persone che sono cresciute insieme, indipendentemente dalla loro relazione, non si trovano sessualmente attraenti più tardi nella vita.

L'effetto Dunning-Kruger

L'effetto Dunning-Kruger significa che un individuo mostra una tendenza errata a sopravvalutare sempre le proprie conoscenze e a sottovalutare sempre le competenze degli altri.

L'effetto placebo

L'effetto placebo è considerato uno dei più noti e diffusi effetti conosciuti dall'umanità e la ragione della sua funzionalità non può essere dimostrata. L'effetto descrive il fenomeno per cui le persone possono "curarsi da sole" sulla base dei propri pensieri. Ciò significa che si potrebbe vendere a una persona con il mal di gola un pezzo di caramella senza medicine e la persona non avrebbe più mal di gola se la prendesse regolarmente, semplicemente perché pensava che avrebbe aiutato.

L'effetto nocebo

L'effetto nocebo descrive la controparte dell'effetto placebo. Descrive il fenomeno per cui le persone possono ammalarsi grazie alla loro semplice immaginazione. Si potrebbe cioè dare alle persone una caramella e dire: "Se mangi questa, prenderai il raffreddore". E questo accadrebbe, anche se la caramella non contenesse alcun agente patogeno.

L'effetto spettatore

Quando si verifica l'effetto passante, significa che più persone sono presenti, meno è probabile che una persona assista a un incidente.

L'effetto Barnum

Questo effetto descrive che un individuo interpreta affermazioni generalmente valide in modo da applicarle alla propria persona. Un esempio popolare è l'oroscopo. Se il segno zodiacale Ariete dice che un Ariete è testardo, si interpreta anche questo e si organizzano le esperienze e le situazioni in modo da applicare questa caratteristica.

L'effetto Superstar

L'effetto superstar descrive il fenomeno per cui le proprie prestazioni cambiano a causa della presenza di un professionista o di una star.

L'effetto Hawthorne

Infine, l'Effetto Hawthorne descrive che le persone cambiano il loro comportamento se sanno di essere sotto osservazione e/o di partecipare a uno studio.

La psicologia inversa

Tutti hanno sentito parlare di psicologia inversa. La psicologia inversa descrive il fare il contrario di ciò che ci si aspetta. Ciò significa che le persone a cui viene detto, ad esempio, di non toccare il piano cottura caldo, lo fanno comunque e si bruciano le dita. La psicologia inversa è presente anche nella Bibbia, nella storia delle origini. Nel Giardino dell'Eden era proibito mangiare il frutto dell'albero, ma l'attrazione per la cosa proibita era comunque presente. La domanda che sorge spontanea è se si tratta di una semplice sfida da parte dell'essere umano, perché si sente privato della sua libertà dai divieti, o se c'è una ragione più profonda. Nel campo della psicologia, il fenomeno che si verifica quando le cose sono proibite è chiamato reattanza.

La reattività descrive una reazione difensiva che porta alla resistenza a causa di divieti e restrizioni. Spesso una persona non riesce a far fronte a questa pressione psicologica invisibile che la priva della sua libertà e quindi cambia la sua motivazione a fare o non fare qualcosa e il suo atteggiamento in pochi secondi. Ad esempio, se si dice a una persona adulta che non deve diventare un lavoratore autonomo, questa può improvvisamente acquisire la motivazione a diventarlo, anche se prima non aveva alcuna intenzione di farlo. La reattività descrive quindi l'"attrazione del proibito".

Si può quindi affermare che, sebbene la reattanza sia molto simile alla sfida, non è necessariamente la stessa cosa, poiché la reattanza di solito avviene in modo inconsapevole, mentre una reazione di sfida pura può essere controllata. Il verificarsi della reattanza significa, in sottotesto, che l'importanza delle azioni e delle informazioni cambia, anche se non si è mai fatto uso di questa "importanza" prima. La reazione tipica è quindi quasi "non mi interessa quello che dici, ora lo farò ancora di più!", in quanto la persona cerca compulsivamente di riconquistare la sua privazione di libertà.

Un altro modo di comportarsi quando si utilizza la psicologia inversa è quello di riprendersi la propria libertà attraverso delle alternative. Questa possibilità ha come conseguenza che non si è colpiti dai divieti e non si è ancora limitati nella propria libertà d'azione. È stato inoltre rilevato che la reazione con <u>letargia</u> e <u>iperconformismo</u> è uno dei modelli di reazione più importanti nell'ambito della pressione o della restrizione esterna. Tuttavia, la misura in cui questa reattività è pronunciata nelle persone o la forma in cui si manifesta varia. Dipende, infatti, da diversi fattori, come ad esempio l'entità, cioè quanto è grande la perdita di libertà. Un altro fattore è quanto un individuo ritenga importante la propria libertà, e molti altri.

Secondo la reattanza, in teoria un individuo vuole sempre evitare che si verifichi una perdita di controllo, perché di solito le persone hanno avuto esperienze negative con la perdita di controllo, motivo per cui il cervello spesso "suona l'allarme" al solo accenno e inconsciamente vuole proteggersi da essa.

La psicologia inversa si usa quando si vuole far assumere a qualcuno esattamente questo atteggiamento.

Quindi, quando si vuole motivare qualcuno a fare qualcosa, l'uso della psicologia inversa è molto utile. Un esempio potrebbe essere il seguente: In qualità di imprenditore, pubblicizzate seminari volontari ai vostri dipendenti, ma nessuno si iscrive, anche se faciliterebbero il lavoro. A questo punto si applica la psicologia inversa: L'imprenditore scrive seminari che semplificano la vita lavorativa con la pressione che l'offerta sparirà se nessuno si iscrive, poiché nessuno ritiene importante l'argomento. Questo attiva la reattività e i dipendenti si iscrivono.

Tecniche efficaci di manipolazione e PNL

La psicologia umana comprende anche il potere delle tecniche di manipolazione e della PNL. NLP è l'abbreviazione di "programmazione neurolinguistica" e comprende un'ampia gamma di tecniche e metodi in grado di modificare i processi mentali. Questi metodi si basano sulla comunicazione, sulle espressioni facciali e sui gesti. La PNL è anche definita come "lo studio della struttura delle esperienze soggettive". L'intento di base è quello di scoprire, analizzare e ottimizzare i vari fattori di successo di una terapia.

MANIPOLARE ATTRAVERSO UN'ATMOSFERA PIACEVOLE

La psiche umana può essere manipolata in modo mirato attraverso un'ampia varietà di influenze. Una di queste è la manipolazione attraverso un'atmosfera piacevole. Questa atmosfera può contenere molti elementi che, come è scientificamente dimostrato, calmano e rilassano le persone. Ad esempio, alcuni colori sono tra questi. Per esempio, il colore giallo ha un effetto ansiolitico e depressivo sulle persone, il colore blu è molto familiare, il verde è armonioso e l'arancione ha un effetto molto positivo sull'umore.

Un'atmosfera piacevole e priva di stress può essere creata anche utilizzando i suoni della pioggia o i suoni generali della natura. E poiché una persona è più facilmente influenzabile quando le sue condizioni di base sono migliori, è possibile manipolare attivamente e consapevolmente una persona in modo che sia più disponibile con un'atmosfera piacevole.

MANIPOLAZIONE CON L'AIUTO DI EMOZIONI FORTI

Un altro modo di manipolare la controparte è attraverso le emozioni forti. Un esempio classico è lo spostamento della questione della colpa e degli obblighi. Ad esempio, se la persona A sta insieme alla persona B, ma si è innamorata della persona C, allora la persona A si trova in un conflitto interiore, perché da un lato non vuole infrangere il suo principio di fedeltà e lasciare il suo attuale partner a causa di una nuova persona, perché altrimenti avrebbe la coscienza sporca, ma allo stesso tempo vuole ancora entrare in intimità con la persona C. Per questo motivo la persona A si comporta in questo modo nei confronti del suo partner. Per questo motivo, la persona A si comporta nei confronti del suo partner in modo tale da porre fine alla relazione. Questo perché può incolpare la persona B durante le discussioni e prenderne le distanze senza sentirsi obbligato, anche se l'ha manipolata.

Un altro esempio è che la persona X vuole più attenzione da parte della persona Y. Per questo motivo, la persona X si costringe a piangere in modo che la persona Y si senta obbligata ad aiutarla. Per questo motivo, la persona X si costringe a piangere in modo che la persona Y si senta obbligata ad aiutarla. Questa tecnica di manipolazione funziona molto rapidamente perché le emozioni possono fondamentalmente causare il caos. Ogni essere umano cerca sempre di risparmiare i sentimenti degli altri o di difendere i propri attraverso varie considerazioni.

BUGIE

La manipolazione funziona anche con le bugie. Infatti, una falsa affermazione può fondamentalmente indurre una persona a pensare in modo diverso a una situazione a causa della falsa informazione. Naturalmente, questa manipolazione funziona molto bene se non si viene scoperti a mentire. Tuttavia, se si viene scoperti a mentire, la situazione che ne risulta è di solito peggiore della verità. Quindi mentire significa rischiare.

OCCULTAMENTO

L'occultamento è simile alla menzogna, ma di solito non comporta grossi problemi quando viene scoperto. Tuttavia, l'occultamento di informazioni ha naturalmente un'influenza manipolativa. La mancanza di informazioni fa sì che l'altra persona prenda decisioni senza tenere conto di tutte le informazioni.

MANIPOLAZIONE ATTRAVERSO LA RICOMPENSA

Un'altra tecnica di manipolazione è la manipolazione attraverso le ricompense. Si tratta di rivolgersi direttamente alla ricompensa. Ad esempio: "Se coprirai la mia bugia, ti porterò a fare shopping" o anche "Se starai zitto in classe, non ti daranno i compiti". Scienziati e medici sono riusciti a dimostrare che una persona può cambiare impulsivamente il suo atteggiamento di base o il suo bisogno attuale. La questione se l'atteggiamento cambierà dipende sempre dal fatto che lo "scambio" sia anche conveniente. Tuttavia, le persone che vogliono manipolarvi attraverso le ricompense di solito offrono anche qualcosa in cambio di cui non volete fare a meno.

MANIPOLAZIONE ATTRAVERSO LA CRITICA

Tuttavia, le persone possono anche manipolare gli altri attraverso le critiche. Questa critica può avere un effetto positivo o negativo su una persona. La frase

"Quando suoni il pianoforte, non suona bene" può essere accolta in modo diverso dalle persone. Questa frase può servire da incentivo o può far perdere alla persona il piacere di suonare il pianoforte. Quindi, se si vuole manipolare qualcuno attraverso le critiche, bisogna prestare attenzione alla scelta delle parole e saper valutare bene la persona.

CAMBIAMENTO DEI NUMERI

Si può manipolare efficacemente anche cambiando i numeri. La falsificazione o l'alterazione di dati, fatti, statistiche e cifre ha probabilmente uno degli effetti di manipolazione più efficaci. Gli aspetti razionali sopra elencati sono fondamentalmente e globalmente considerati dalle persone come uno standard "corretto" e quindi non vengono mai messi in discussione.

TECNICA DEL PIEDE NELLA PORTA

La tecnica "foot in the door" significa "piede nella porta" e descrive la disponibilità delle persone a cui si è già chiesto un piccolo favore a farne un altro più grande. Il fatto che questa tecnica funzioni è stato scoperto attraverso un esperimento con dei cartelli. L'esperimento si è svolto nel modo seguente: per prima cosa è stato chiesto alle persone davanti alla porta di casa se avrebbero affisso un cartello molto piccolo alla finestra. Due settimane dopo, è stato chiesto loro se avrebbero affisso un cartello molto grande nel giardino di casa. Alla fine si è scoperto che il 55% delle persone che avevano accettato di affiggere il cartello piccolo erano disposte ad affiggere il cartello grande in giardino, mentre solo il 17% delle persone a cui era stato chiesto direttamente di affiggere il cartello grande ha soddisfatto la richiesta. Questo dimostra più o meno che è possibile manipolare le persone affinché "mettano il piede nella porta".

DISPOSITIVI RETORICI

Il potere della manipolazione attraverso i mezzi retorici è transitorio nella PNL. I dispositivi retorici sono utilizzati, ad esempio, dai politici per interpretare il discorso a proprio piacimento o da pubblicitari e venditori. Esiste anche un termine chiamato "marcatura analogica", che descrive proprio questo uso dei dispositivi retorici e di altri dispositivi stilistici. Ciò include, ad esempio, l'uso di un certo tono di voce o l'uso di pause nel discorso e il volume. Anche l'enfasi delle parole e la velocità del discorso possono influenzare il discorso o lo slogan. Anche l'uso consapevole di espressioni facciali e gesti aiuta a comunicare subliminalmente qualcosa alle persone o a incoraggiarle a fare qualcosa. Un esempio che tutti conoscono è che le pubblicità dei supermercati sono spesso pronunciate ad alta voce e velocemente, mentre i documentari sono spesso girati a volume ambiente e sono anche parlati a ritmo normale. Questo ovviamente perché gli obiettivi da raggiungere sono diversi. Il fatto è che utilizzando questi mezzi retorici, all'ascoltatore non viene più offerta una visione oggettiva dei fatti e quindi questa tecnica è sicuramente da considerarsi una manipolazione efficace o una tecnica di PNL.

RAPPORT (PROGRAMMAZIONE NEUROLINGUISTICA)

Più in là, queste sono le tecniche della PNL. Una di queste è il "rapport". Il rapport descrive il trattare sullo stesso livello linguistico. Questo serve a garantire che, adottando lo stesso livello, non si risulti incomprensibili alla controparte e che questa venga compresa meglio. Crea fiducia e, attraverso l'uso dello stesso linguaggio, aiuta l'altra persona a capire qualcosa che prima non avrebbe capito, in modo da convincerla più rapidamente o meglio.

RISPECCHIAMENTO (PROGRAM-MAZIONE NEUROLINGUISTICA)

Il rispecchiamento è quasi la stessa cosa del rapporto, con la differenza che non si tratta solo di un adattamento verbale, ma anche di un adattamento non verbale. Ciò significa che le persone cercano sempre di imitare i gesti e le espressioni facciali. Questa imitazione dei gesti e delle espressioni facciali, insieme all'imitazione del linguaggio, ha un effetto di grande simpatia sulla persona di fronte, che può identificarsi con essa.

CONDURRE (PROGRAMMAZIONE NEUROLINGUISTICA)

Anche il leading fa parte della PNL e descrive la conduzione delle conversazioni. Si ottiene attraverso il rispecchiamento e il rapport.

REFRAMING (PROGRAMMAZIONE NEUROLINGUISTICA)

Riformulare in questo contesto significa anche "dare una cornice". Ciò significa che si possono sviluppare nuovi comportamenti, nuovi significati, nuove reazioni e nuove convinzioni.

Cambiare le abitudini

Cambiare le abitudini. Questa affermazione è più facile a dirsi che a farsi, ma è un passo essenziale per la psiche di una persona. Affinché una persona che non è particolarmente felice a causa delle circostanze della vita ecc. possa tornare ad esserlo, deve cambiare e riformulare le sue abitudini e gli atteggiamenti e le convinzioni ad esse associati.

Ad esempio, se è diventata un'abitudine alzarsi ogni mattina 20 minuti prima del lavoro, anche se l'individuo è infastidito ogni mattina perché non può fare colazione, allora dovrebbe cambiare proprio questo. Si potrebbe cambiare l'abitudine di fare la doccia al mattino e poi la colazione. Anche se all'inizio sembra difficile, è solo una questione di *abitudine*. Inoltre, le nuove abitudini aiutano a celebrare in silenzio le nuove fasi della vita. Simbolicamente, si sta creando una nuova fase e ci si mostra aperti alle novità.

Per questo motivo, bisogna anche ristrutturare le proprie convinzioni abituali. Le credenze sono affermazioni e convinzioni che sono radicate in voi senza che sappiate esattamente da dove provengono. Un esempio di tale convinzione potrebbe essere: "Tutti i capi sono arroganti, ecco perché non voglio mai diventarlo". Una ristrutturazione positiva potrebbe essere: "Essere un capo è sicuramente una sfida, mi piacerebbe stare da quella parte del tavolo". Naturalmente, una ristrutturazione di questo tipo non funziona da un giorno all'altro, ma è una questione di abitudine e molto importante se si vuole cambiare attivamente il proprio comportamento.

Le credenze di un individuo includono quindi cose, aspettative, priorità, opinioni e molto altro che pensiamo siano vere a causa dell'educazione, dell'esperienza, dei media, ecc. Le frasi con cui un individuo rappresenta le proprie opinioni e i propri punti di vista hanno a che fare con la verità in cui si crede conscia-mente o addirittura inconsciamente. Ad esempio, il fatto che i genitori abbiano detto "Non parlare di soldi" non significa che sia un argomento generale e tabù. Lo si pensa solo perché così ci è stato insegnato. Lo stesso vale per le frasi che hanno a che fare con un individuo, come ad esempio "Non sai suonare il pianoforte".

Perché l'effetto collaterale negativo di queste af-fermazioni è che a un certo punto iniziate a prendere per buona questa frase e a dire a voi stessi "non posso farlo". Ed è anche qui che si trova la chiave di queste convinzioni. Bisogna imparare a ristrutturare e rifor-mulare il tutto. Occorre consolidare i pensieri positivi e la disponibilità a mettere in discussione ogni tanto la propria opinione e a cambiarla, se necessario. Natural-mente, non è affatto facile ristrutturare le convinzioni che si portano dentro e cambiare le proprie abitudini, ma se questo aiuta la psiche a sentirsi meglio, vale si-curamente la pena di mettere in discussione e cam-biare.

Questa ristrutturazione delle credenze e delle abi-tudini ha anche a che fare con il termine generico di programmazione neurolinguistica. Le abitudini e le convinzioni influenzano il pensiero quotidiano e con-dizionano inconsciamente le decisioni e il comportamento. Modificandole attivamente, è possibile "riprogrammare" il cervello in modo che pensi in altri modi.

CLAUDIA SONNENBECK

La visualizzazione come aiuto per raggiungere gli obiettivi

La chiave per raggiungere i propri obiettivi nel campo della psicologia si basa sul concetto di visualizzazione, che descrive il tenere a mente il problema e l'obiettivo corrispondente. È importante avere chiaro dove si trova esattamente il problema. Dovete sapere cosa vi preoccupa, perché solo con questa conoscenza potete lavorare attivamente su di esso. Ma non appena avete visualizzato il problema, potete iniziare a visualizzare gli obiettivi. Ciò significa che dovete sempre rispondere alla domanda "Cosa voglio? Di cosa ho bisogno? Cosa mi renderebbe felice dal profondo del cuore?". Dopo essere riusciti a rispondere a questa domanda, potete lavorare attivamente sul percorso che vi porterà al vostro obiettivo. Come già detto, è importante fissare obiettivi intermedi realistici. Ma non è l'unica cosa che dovete visualizzare. In psicologia, è importante conoscere se stessi e non ostacolarsi nel processo di apprendimento. La forza interiore di un individuo è particolarmente importante ed essenziale, così come l'ambiente sociale.

Fine

In conclusione, la psicologia contiene innumerevoli super-argomenti e sotto-argomenti con varie ramificazioni complesse e molto difficili da comprendere. Tuttavia, la psiche di una persona è incredibilmente importante e dovrebbe essere coltivata da ogni individuo. Il mantenimento della forza interiore, la fiducia in se stessi e la gestione della frustrazione sono i punti più importanti da considerare. Inoltre, si può concludere che le varie branche della psicologia hanno sempre voluto almeno una cosa: Spiegare il comportamento umano in un'ampia varietà di contesti.

www.ingramcontent.com/pod-product-compliance
Lightning Source LLC
Chambersburg PA
CBHW031428150726
47989CB00002B/853